Cuentos para sentir

www.
literaturasm
.com

Primera edición: octubre de 2004
Decimoprimera edición: enero de 2015

Proyecto y dirección editorial: María Castillo
Coordinación editorial: Teresa Tellechea
Diseño: Pablo Núñez

Impresores, 2
Parque Empresarial Prado del Espino
28660 Boadilla del Monte (Madrid)
www.grupo-sm.com

ATENCIÓN AL CLIENTE
TEL: 902 121 323
FAX: 902 241 222
e-mail: clientes@grupo-sm.com

ISBN: 978-84-675-0259-6
Depósito legal: M-45467–2008
Impreso en la UE / *Printed in EU*

¡Yo soy el mayor!

Begoña Ibarrola
Ilustraciones de Arcadio Lobato

sm

Genaro era un sapo muy especial porque ya no quedaban muchos sapos de su misma especie.

Por eso a los niños del pueblo
no se les ocurría hacerle daño
y vivía tranquilo junto a sus padres
y hermanos en una bonita charca.

Le gustaba mucho jugar al escondite entre los juncos
y lanzarse al agua desde una piedra.

Y se reía al ver a sus hermanitos
intentar hacer lo mismo que él sin conseguirlo.

Pero Genaro no estaba del todo contento.
Pensaba que sus padres hacían más caso
a sus hermanos pequeños que a él.
Genaro pensaba: "No es justo, yo no tengo la culpa
de ser el mayor".

Comprendía que sus hermanos no sabían hacer nada solos
y por eso sus padres estaban pendientes de ellos,
pero Genaro se sentía abandonado
y empezó a desear ser más pequeño.

—Hola, Genaro —le dijo una voz desde los juncos—.
Soy el mago Sapiondo, he oído tus pensamientos.
Genaro se asustó al oír su nombre y al ver aparecer
un gran sapo que llevaba un bastón brillante,
y un gorro muy extraño en su cabeza.

—Soy un mago que desde hace mucho tiempo
cuido de tus antepasados y ahora cuido de tu familia.
Como soy un mago, puedo hacer realidad tus deseos.

—Pues me gustaría ser pequeño para que mis padres me hagan caso. No me gusta ser el mayor.

—Si te toco en la cabeza con mi varita mágica te harás muy pequeño. Cierra los ojos y repite tres veces: "Quiero ser pequeño, quiero ser pequeño, quiero ser pequeño".

Cuando Genaro abrió los ojos, se quedó con la boca abierta: los juncos eran enormes, la charca grandísima, y sintió miedo

—¡Papá, mamá! ¿Dónde estáis? —gritó con todas sus fuerzas.

Pero nadie le contestó porque, como era tan pequeño, su voz era muy débil.

Salió de los juncos, se fue a la charca y se lanzó al agua.
Justo entonces vio cómo una garza se abalanzaba sobre él para devorarlo.
Pero se sumergió en el agua con rapidez y pudo salvarse.

Cuando salió a la superficie y se sentó en una roca a descansar,
vio acercarse a una nutria
y otra vez tuvo que tirarse al agua para salvar su vida.

Genaro temblaba de miedo, pero se puso a nadar y nadar hasta que por fin vio a lo lejos a sus padres y hermanos, que tomaban el sol encima de unas piedras.

Se acercó y les dijo:
—Hola, menos mal que os encuentro.
—¿Quién eres tú, pequeño sapo? –le preguntaron ellos.
—Soy Genaro, vuestro hijo.

—¡Ja, ja, ja! Tú no eres Genaro, a mí no me engañas —dijo su madre—. Mi hijo Genaro es grande y fuerte y tú eres un sapo pequeñajo.

—Mamá, soy yo, de verdad: el Mago Sapiondo me ha convertido en pequeño, como yo quería.

Su padre se acerco a él mirándolo de arriba abajo y le dijo:
—Te pareces un poco, pero no eres como él.
Mi hijo mayor es muy valiente y estás temblando de miedo.
Sus padres y hermanos le dieron la espalda
y Genaro empezó a llorar al ver que no lo reconocían.

Triste y cabizbajo, comenzó a nadar.
Llegó la noche y se encontró solo.
Recordaba a su familia, quería estar con ellos,
quería ser otra vez mayor.

De repente oyó una voz familiar.

—Hola, Genaro. Soy el Mago Sapiondo. He oído tus pensamientos.

—Por favor, Mago Sapiondo, haz que vuelva a ser mayor.
Por ser pequeño he pasado muchos peligros,
mis padres no me reconocen y tengo mucho miedo.

—Genaro, piensa que si vuelves a ser mayor, todo será como antes.
Te daré en la cabeza con la varita mágica
y volverás a ser mayor.
Cierra los ojos y repite: "Quiero ser mayor, quiero ser mayor,
quiero ser mayor".

Cuando Genaro abrió los ojos, lo primero que oyó fueron las voces de sus padres y hermanos buscándolo:

—¡Genaaaaaaroooooo! ¡Genaaaaaarooooo! ¿Dónde estáaas?

—¡Estoy aquí! –gritó con todas sus fuerzas.

Y se puso muy contento al oír de nuevo su fuerte voz.

Cuando se encontraron, se abrazaron muy fuerte
y su madre le dijo: —Hijo mío, ¿dónde has estado?
Llevamos buscándote desde que se hizo de noche.
Estábamos muy preocupados por ti. ¿Qué te ha pasado?
Y Genaro les contó la historia desde el principio hasta el final.

Entonces su padre le dijo:

—Hijo, ten cuidado con lo que deseas, pues el Mago Sapiondo puede hacer realidad tus deseos.

¿Por qué querías ser pequeño? ¡Piensa en todo lo que puedes hacer solo! Ser mayor también tiene sus ventajas.

Su madre le dijo:

—Hijo, nunca pienses que queremos más a tus hermanos que a ti.
Cuando tú eras pequeñito, toda nuestra atención era para ti.
Ahora ellos son los pequeños,
pero tú eres el mayor y estoy muy orgullosa de ti.

Genaro abrazó a sus padres y se dio cuenta
de que tenían mucha razón.
Todos juntos volvieron a su charca
para seguir disfrutando de su vida tranquila.

Cuentos para sentir